I0821457

La ciencia de
El suelo
Pamela Hall y Jared Siemens
LIGHTBOX
openlightbox.com

Entre a **www.openlightbox.com** e ingrese el código único de este libro.

CÓDIGO DE ACCESO

LBXM4365

Lightbox es una completa solución digital para enseñar y aprender temas curriculares de una manera original e innovadora. Lightbox se basa en las Normas Curriculares Nacionales.

OPTIMIZADO PARA

- ✓ TABLETAS
- ✓ PIZARRAS ELECTRÓNICAS
- ✓ COMPUTADORAS
- ✓ ¡Y MUCHO MÁS!

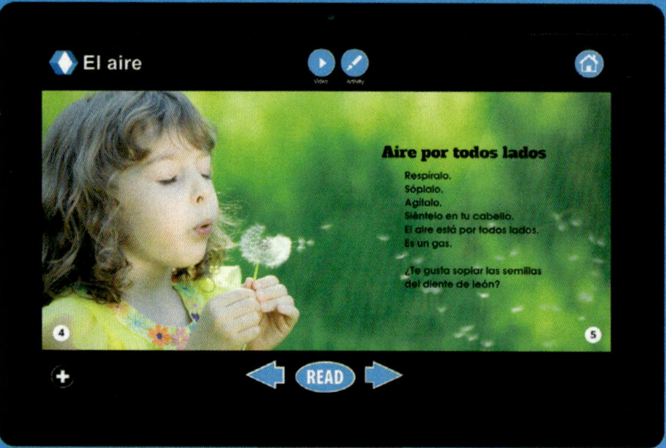

CARACTERÍSTICAS ESTÁNDAR DE LIGHTBOX

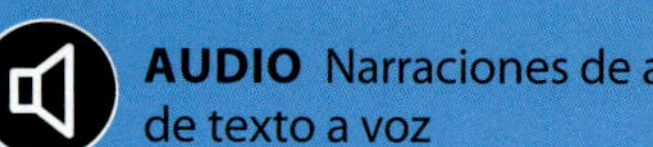

AUDIO Narraciones de alta calidad con sistema de texto a voz

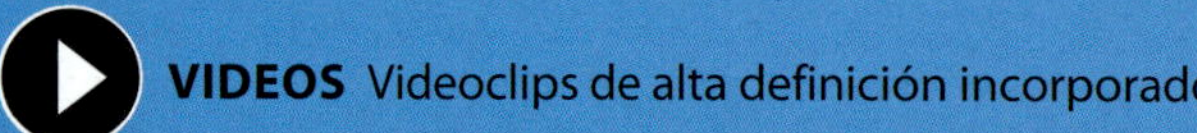

VIDEOS Videoclips de alta definición incorporados

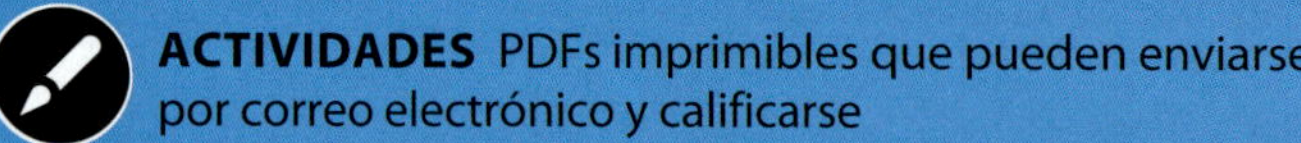

ACTIVIDADES PDFs imprimibles que pueden enviarse por correo electrónico y calificarse

ENLACES WEB Enlaces cuidadosamente seleccionados con recursos seguros para niños

PRESENTACIÓN EN DIAPOSITIVAS Ilustraciones gráficas de los conceptos clave

MAPAS INTERACTIVOS Mapas interactivos e imágenes satelitales aéreas

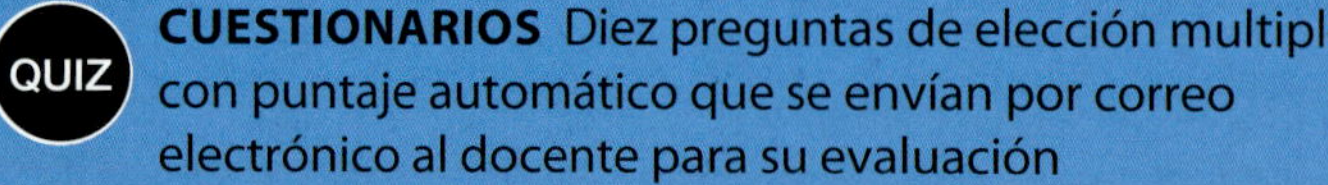

CUESTIONARIOS Diez preguntas de elección multiple con puntaje automático que se envían por correo electrónico al docente para su evaluación

PALABRAS CLAVE Combinación de los conceptos clave con sus definiciones

VIDEOS

ENLACES WEB

PRESENTACIÓN EN DIAPOSITIVAS

CUESTIONARIOS

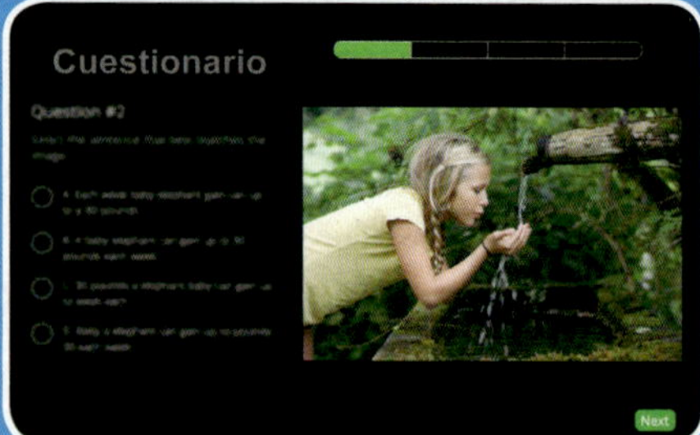

La ciencia de El suelo

CONTENIDOS

El suelo es encantador

Excávalo.
Planta en él.
Levántalo.
Tamízalo entre tus dedos.
Esponjoso, arenoso o
pegajoso, el suelo siempre
es encantador.

¡Es divertido jugar con el suelo!

Suelo es otra forma de llamar a la tierra. El suelo cubre la mayor parte de la tierra del planeta. A veces, se lo puede ver fácilmente. El suelo del fondo de un lago se ve diferente al suelo de un jardín.

Debajo de los caminos y calles también hay suelo. Se arremolina en los lagos y arroyos. Se vuela con el viento.

Arena, lodo y arcilla

Así es como se verían los granos de arena, lodo y arcilla en un microscopio. Imagina lo pequeño que es un grano de arena. Los granos de lodo y arcilla son más pequeños todavía.

arena lodo arcilla

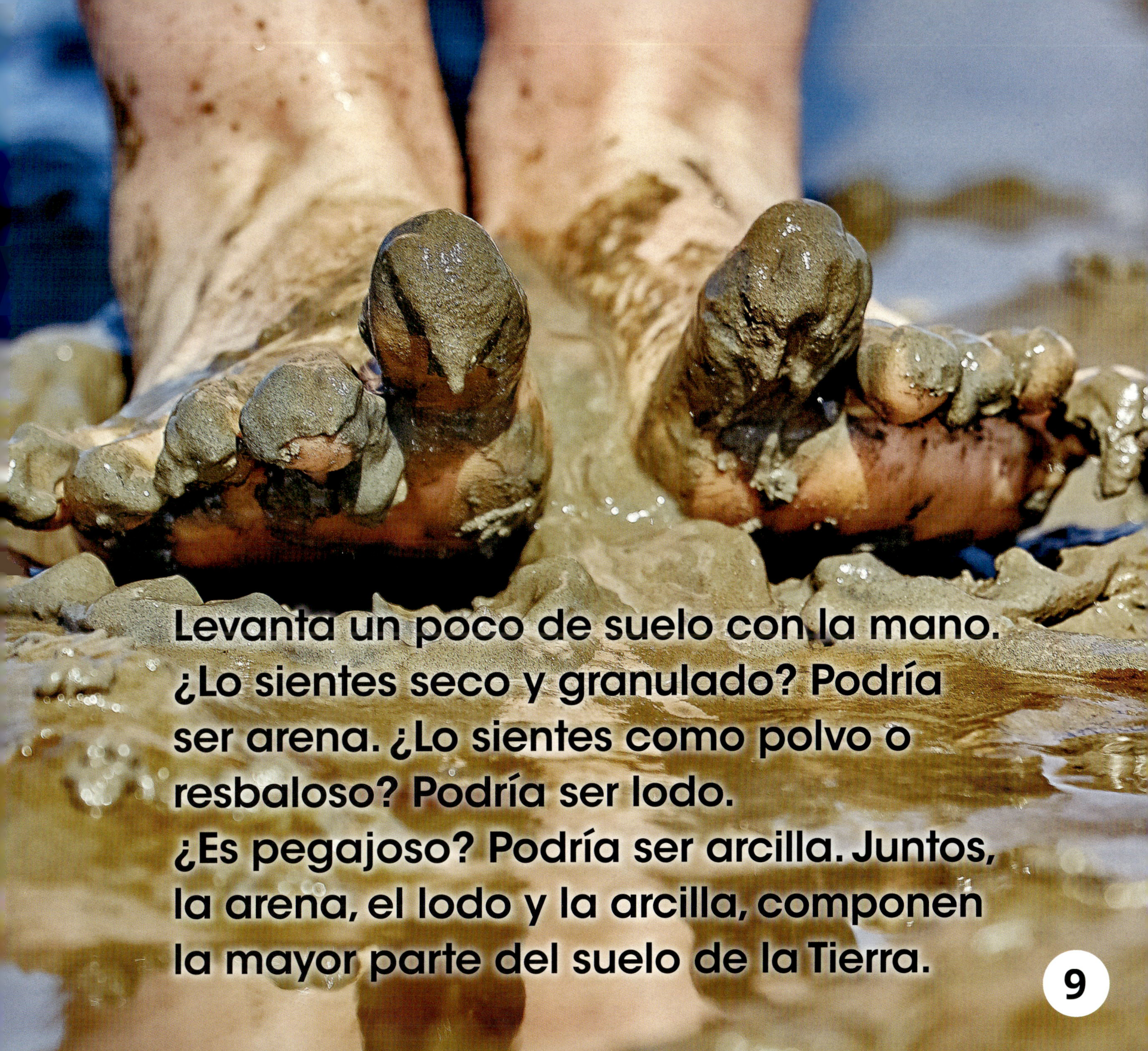

Levanta un poco de suelo con la mano. ¿Lo sientes seco y granulado? Podría ser arena. ¿Lo sientes como polvo o resbaloso? Podría ser lodo. ¿Es pegajoso? Podría ser arcilla. Juntos, la arena, el lodo y la arcilla, componen la mayor parte del suelo de la Tierra.

El hielo, el viento, la lluvia y el sol son como lijas que desgastan hasta las rocas más grandes.

La arena, el lodo y la arcilla alguna vez formaron parte de rocas más grandes que se desgastaron. La lluvia y el viento las fue golpeando. El hielo las quebró. El calor del sol las desmenuzó. A lo largo de miles de años, el suelo se fue apilando.

¿Tu suelo es oscuro y húmedo? Podría tener una buena cantidad de humus. Esa es la parte más rica del suelo. Ayuda a que crezcan las plantas.

El suelo con mucho humus tiene los nutrientes que las plantas necesitan.

El humus se forma a partir de plantas y animales muertos. También necesita de millones de criaturas diminutas. Estas criaturas viven en el suelo.

La mayoría de estas criaturas son tan diminutas que solo se pueden ver con un microscopio. Estas criaturas descomponen las hojas, los huesos y muchas cosas más. Convierten a las cosas muertas en un rico humus oscuro.

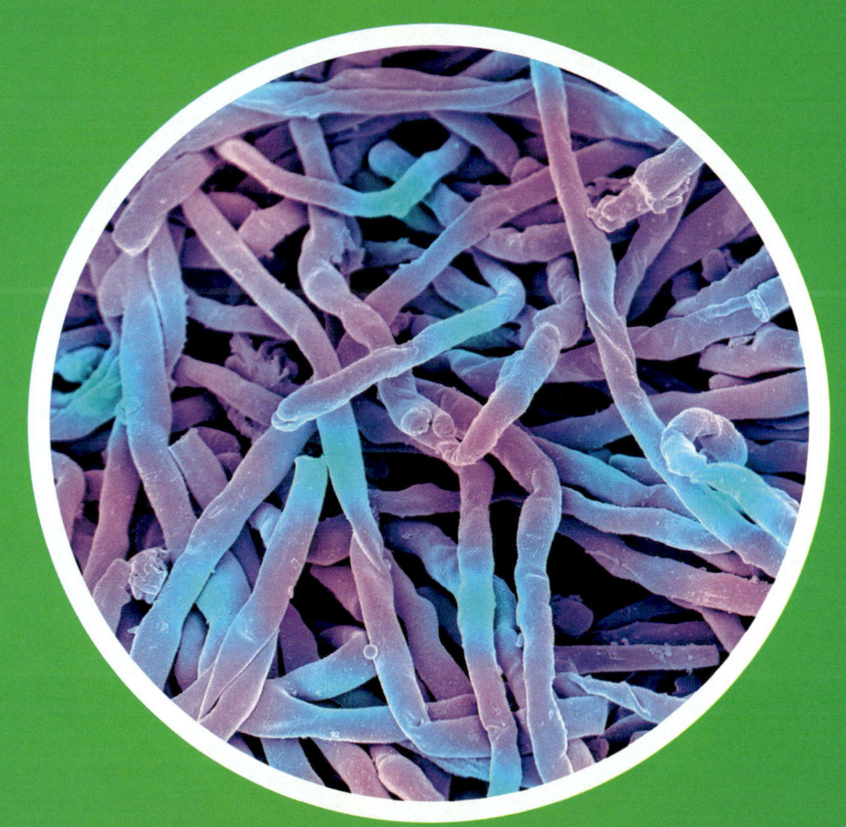

El aire y el agua

¿Tu suelo está suelto y grumoso? Es porque tiene muchos espacios de aire. Las raíces de las plantas pueden haber aflojado el suelo. Probablemente, el movimiento de las lombrices y otros animales también ayudó. Los topos aflojan el suelo excavando túneles subterráneos.

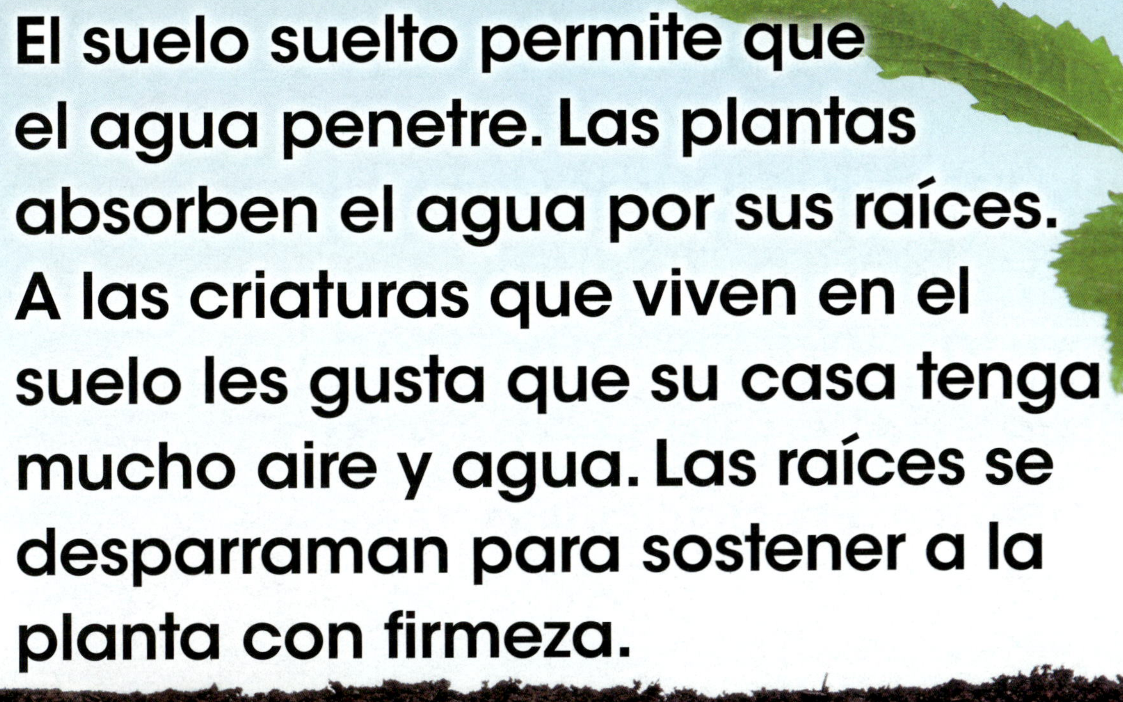

El suelo suelto permite que el agua penetre. Las plantas absorben el agua por sus raíces. A las criaturas que viven en el suelo les gusta que su casa tenga mucho aire y agua. Las raíces se desparraman para sostener a la planta con firmeza.

Mézclalo

Compara un desierto con una granja. Ambos están cubiertos de suelo, pero el suelo de cada lugar es muy diferente. Los ingredientes del suelo se mezclan de forma diferente. En cada lugar, el suelo es diferente. El suelo del desierto suele ser seco y rocoso.

El suelo puede cambiar por varios motivos, como el clima, la forma de la tierra, las plantas que crecen en él, las criaturas que viven en su interior y la forma en que se lo cultiva.

¡Necesitamos el suelo!

Una cosa es segura: comemos plantas que crecen en el suelo. También comemos animales que se alimentan de esas plantas. Sin el suelo, no habría comida. Aunque no lo creas, ¡nuestra vida depende del suelo!

Texas tiene más tierras agrícolas que cualquier otro estado de los Estados Unidos. Tiene más de 130 millones de acres (52,6 millones de hectáreas) de tierras agrícolas.

Datos sobre el Suelo

Una **taza** de suelo puede contener **7 mil millones** de bacterias. Eso es casi tantas bacterias como habitantes en el mundo.

Una sola **cucharadita** de suelo puede contener unas **10 millas** (16 kilómetros) de hongos.

El suelo de la Tierra se está **desgastando** muy rápido. Perdemos **30** campos de fútbol de suelo **por minuto.**

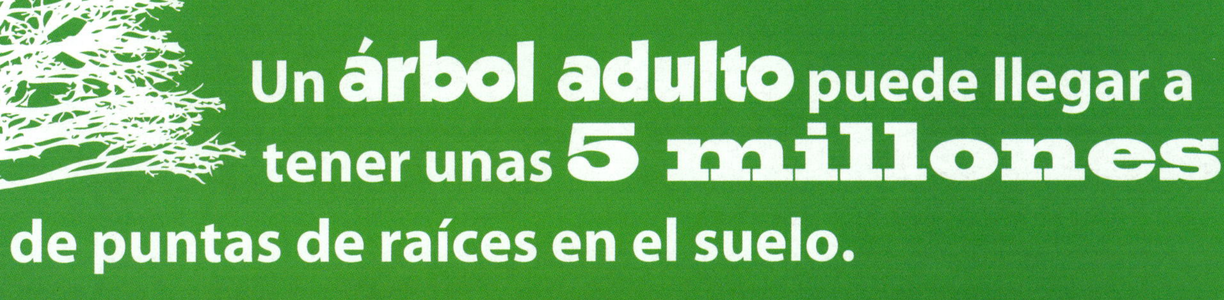

Un **árbol adulto** puede llegar a tener unas **5 millones** de puntas de raíces en el suelo.

El suelo es necesario para **producir** casi **todos** los **alimentos** de la Tierra.

Para que se forme **1,2 pulgadas** (3 centímetros) de suelo **nuevo** pueden pasar más de **1.000 años.**

Published by Smartbook Media Inc.
350 5th Avenue, 59th Floor New York, NY 10118
Website: www.openlightbox.com

Library of Congress Control Number: 2017961986

ISBN 978-1-5105-3442-1 (hardcover)
ISBN 978-1-5105-3443-8 (multi-user eBook)

Printed in the United States of America in Brainerd, Minnesota
1 2 3 4 5 6 7 8 9 0 22 21 20 19 18

022018
011518

Spanish Project coordinator: Sara Cucini
Spanish Editor: Translation Services USA
English Project coordinator: Jared Siemens
Designer: Ana María Vidal

The publisher acknowledges Getty Images and iStock as its primary image suppliers for this title.